Necesitamos las plantas

por Maryellen Gregoire

Consultora:
Adria F. Klein, Ph.D.
California State University, San Bernardino

capstone
classroom
Heinemann Raintree • Red Brick Learning
division of Capstone

Los animales necesitan las plantas como refugio.

Los pájaros viven en las plantas.

Los animales necesitan las plantas como alimento.

Los caballos comen plantas.

Los animales necesitan que las plantas les den sombra.

Los leones descansan en la sombra.

Las personas necesitan las plantas para construir casas.

Las casas nos dan refugio.

Las personas necesitan las plantas para alimentarse.

Las frutas y las verduras provienen de las plantas.

Las personas necesitan que las plantas les den sombra.

La sombra mantiene a las personas frescas.

Las personas usan las plantas para fabricar ropa.

El algodón se usa para hacer camisas y pantalones.

¡Las plantas embellecen al planeta Tierra!